LETTRE

AUX MINISTRES

PAR

VICTOR BELLON

> Le plus fort n'est jamais assez fort pour être toujours le maître, s'il ne transforme sa force en droit et l'obéissance en devoir.
>
> ROUSSEAU. (*Contrat social*).

Prix 25 centimes

DRAGUIGNAN

IMPRIMERIE GIMBERT FILS, GIRAUD ET Cⁱᵉ

1877

LETTRE

AUX MINISTRES

PAR

VICTOR BELLON

Le plus fort n'est jamais assez fort pour être toujours le maître, s'il ne transforme sa force en droi et l'obéissance en devoir.

ROUSSEAU. (*Contrat social*).

Prix 25 centimes

DRAGUIGNAN

IMPRIMERIE GIMBERT FILS, GIRAUD ET Cie

1877

A MESSIEURS LES MINISTRES

Une chose vraiment extraordinaire pour ceux qui ont abdiqué toute indépendance et toute dignité politiques, c'est qu'un simple particulier, un citoyen sans mandat fasse entendre des plaintes à ceux, qui étant les dépositaires du Pouvoir, sont les représentants suprêmes de l'Etat, c'est-à-dire de la totalité des citoyens soumis aux mêmes lois.

C'est cependant une habitude devenue commune, puisque tous les écrits actuels contiennent des plaintes tellement intenses que les louanges prodiguées sans discernement ne parviennent pas à les couvrir.

Il est assurément surprenant de voir d'un côté les défenseurs de la forme de gouvernement être obligés de la défendre contre les amis du titulaire, et craindre pour elle, alors qu'on répète tous les jours, dans les régions officielles, qu'on fera respecter la Constitution. Or, comme la Constitution est le pacte fondamental qui lie tous les Français, et que nul ne veut s'y soustraire, — je me base ici sur les déclarations publiques, — il est fatiguant d'entendre dire que la Constitution est menacée ; et moi qui ne suis qu'un rural qui ne comprends rien aux subtilités de la politique, je m'offusque de ces affirmations répétées ; car j'ai entendu dire bien souvent, pardon de l'expression, que le voleur criait au voleur pour dépister la police ; et comme souvent dans les plus petites actions de la vie, il m'a été prouvé par la pratique que ce proverbe n'est pas faux, je crois qu'on crie trop fort pour être bien sincère.

Je m'adresse donc à vous, Messieurs, qui faites de la politique une étude spéciale et, je vous dis : Vous nous conviez à voter 20 mois après le 20 février 1876, afin de faire le choix de nos représentants ; comme on nous avait dit et que nous avions lu que nos représentants seraient élus pour 4 ans, nous ne comprenons pas pourquoi, avant l'expiration du terme, vous nous convoquez pour voter. Quand nous signons une convention avec nos propriétaires, nous sommes tenus à la subir ; si elle nous déplaît, jusqu'à l'expiration du bail, ou, si nous la trouvons favorable, nous tenons à en jouir jusqu'au terme accepté. On nous avait tant dit qu'en politique c'était la même chose, que nous avions fini par le croire. Erreur. De même qu'on peut résilier un contrat en matière d'affaires avec le consentement des parties, on peut en politique le déclarer nul, et cela sans le consentement d'un des contractants, ce qui fait une différence, puisqu'il y a un tiers qui est juge du différend.

Toutes ces choses nous ont été expliquées après coup, alors que le congé avait été donné et que nous n'y pouvions plus rien. Nous sommes donc allés aux renseignements et nous avons demandé à nous instruire.

Nous comprenons qu'il est inutile d'édifier le lendemain ce qu'on a démoli la veille, et nous voulons faire en sorte de bien étayer nos travaux pour qu'ils soient durables et passent à nos enfants.

C'est cette dernière considération surtout qui nous a poussé à bien examiner la situation actuelle et les causes qui l'ont produite. Nous allons donc vous soumettre le fruit de nos réflexions et vous dire, après l'exposition sincère du conflit, la solution que nous préférons et que nous trouvons la meilleure. Il faut pour cela remonter à plus haut si l'on veut bien saisir les affinités secrètes qui conduisent à la vérité.

Nous prendrons donc la chose au 24 mai 1873, pour la conduire logiquement au 14 octobre de la présente année. De cette façon on ne pourra mettre en doute notre bonne foi et nul ne pourra récuser un jugement qui sera celui de l'histoire même puisqu'il n'y aura rien de contraire à la vérité.

Le 23 mai 1873, la majorité de l'Assemblée nationale,

ne se trouvant plus en conformité de vues avec M. Thiers, éleva, après avoir accepté sa démission de président de la République, le Maréchal de Mac-Mahon à cette suprême fonction. Comme la majorité fait loi, nul ne trouva irrégulière une chose émanée du pouvoir parlementaire. Au surplus, chacun comprit que quoi qu'on eût renversé M. Thiers parce qu'il voulait la République, M. de Mac-Mahon continuerait à garder intacte à la nation cette forme de gouvernement, puisqu'il déclarait formellement dans un message : « Qu'aucune atteinte ne serait portée aux institutions existantes. » Malgré cette déclaration beaucoup de bons esprits s'émurent de ce qu'on renversât le grand citoyen qui avait fait la libération du territoire et qui jouissait en Europe d'un crédit tel, qu'il s'imposait, lui le représentant d'un pays vaincu, à l'admiration de tous.

Il ne fut donc pas étonnant de voir la majorité de la France témoigner à son ancien chef du pouvoir exécutif des regrets tels, qu'ils suffiraient seuls à rendre illustre un homme, si les talents et les services rendus ne l'avaient placé déjà au Panthéon de l'histoire. Et puis, ce qui jeta de l'inquiétude dans tous les cœurs vraiment français, ce fut cette parole de dédain et de douleur adressée à M. de Broglie président du nouveau ministère : « Vous êtes les protégés de l'Empire ! » Comment ! trois ans après Sedan les bonapartistes étaient donc redevenus une puissance !

Ils pouvaient donc prétendre au partage du gouvernement! Cette majorité n'était donc qu'une ligue de tous les ennemis de la République!

La France troublée dans son travail de relèvement s'inquiéta. Elle pouvait bien supporter les lourdes charges de la guerre, mais elle ne voulait pas que les auteurs de nos désastres participassent à son gouvernement; elle ne voulait pas que Décembre et Sedan devinssent les serviteurs de la troisième République, parce qu'elle avait présent encore à la mémoire l'assassinat de la seconde.

Elle ne le voulait pas! Mais les paroles prophétiques du plus illustre de nos hommes d'Etat se réalisèrent, et cette majorité composée de tous les débris se voyait renforcée, quand elle faisait quelques rares recrues devant le scrutin, par des bonapartistes toujours, par des fusionistes jamais. Si bien, qu'à un moment donné les journaux de la faction posèrent au pays ce dilemme orgueilleux : La République ou l'Empire.

Pendant ce temps on avait essayé de nous ramener Henri V, et le Comte de Paris était allé à Frosdorff. On voulait bien, dans les sphères gouvernementales, de la royauté, mais on ne voulait pas encore de l'empire. Les négociations échouèrent pourtant. Alors on déclara à la France qu'on allait organiser la République sous les auspices du Maréchal.

C'est de ce jour que date le gouvernement qui porte le nom d'un homme.

Le Peuple comprit qu'on le bernait. Il voulait la République, il ne comprit pas le septennat. Qu'est-ce que cette invention hybride d'un gouvernement viager? Le gros bon sens de la Nation et l'honnêteté de quelques membres de la majorité firent justice de toutes ces inventions d'esprits retors, et enfin, après mille contradictions, nous apprîmes un jour que l'Assemblée, devenue constituante, nous avait doté d'une constitution.

Tirez un homme du cachot, mettez-le en pleine lumière et vous aurez l'image de la France après ce vote mémorable : elle fut surprise de voir une Assemblée monarchique voter une constitution républicaine, et c'est alors qu'elle vit bien l'inanité de tous ces faiseurs qui ne travaillent qu'au rebours de sa volonté et contre ses intérêts.

Elle était devenue républicaine.

C'est ici que se place le vote solennel du 20 février. Il y avait en présence tous les représentants des monarchies déchues et les républicains anciens et nouveaux. Le Sénat, qui méritera quelque jour le beau titre de Grand Conseil des communes françaises, avait été élu déjà. Le Peuple anxieux, mais ferme, vit bien où étaient le patriotisme et la raison, les services rendus et l'esprit de sacrifice : il vota pour les républicains. Jamais élections plus solennelles! On sentait dans les plis des bulletins tressaillir l'âme de la France. On croyait assister à une lutte semblable à celle des Horaces et des Curiaces; car on savait que c'était la victoire, la victoire complète pour les uns et la déroute irrémédiable pour les autres. Nul doute émis, nulle réserve faite : la victoire ou la mort!

L'Europe qui assistait à cette suprême bataille du vieux monde contre le nouveau, de l'esprit théocratique contre l'esprit démocratique, déclara la victoire complète et rendit justice à la courtoisie des adversaires.

Tous les fronts s'éclaircirent, tous les cœurs battirent à l'unisson. Après les luttes sans pitié ni merci nous allions enfin assister au relèvement de la Patrie par la Liberté!

La simplicité de la situation n'échappait à personne. Le Maréchal avait dit : « Je gouvernerai toujours avec la majorité. » Fidèle à la parole donnée, il appela dans ses conseils les représentants de la majorité nouvelle et leur confia, sous sa direction, les affaires de l'Etat.

Il y avait bien encore des résistances; les anciens conseillers rodaient autour de l'Elysée, et bien souvent ils firent obstacle à des propositions justes qui s'imposaient d'elles-mêmes comme la nécessité ; mais toujours les ministres républicains tirèrent quelques bribes des libertés nécessaires à la ténacité du Président.

De son côté, le Sénat, travaillé par la réaction s'opposait aux mesures les plus inoffensives, repoussait les lois les plus justes et voulait imposer sa volonté aux mandataires de la Nation. De telle sorte qu'un conflit aurait surgi de ces tiraillements sans la modération et la condescendance de la Chambre des députés. Cette dernière faisait même l'abandon de ses prérogatives les plus essentielles dans la crainte de détruire l'*harmonie des pouvoirs*. Si bien, qu'on peut dire : que le Sénat seul a gouverné.

Quand, un jour, la France vit renvoyer son ministère républicain, et un ministère taillé sur le même patron que celui du 24 mai, vint prendre la place de l'ancien. Le pays stupéfait voulut demander des explications, on prorogea sa Chambre. Quand elle revint, on la congédia.

Nous nous trouvons maintenant en présence des **363** et du Maréchal.

D'un côté il y a la France et de l'autre un homme.

On dit bien que le Maréchal veut la République et que, s'il chasse les républicains de toutes les fonctions publiques, c'est parce qu'ils sont incapables de la faire aimer et de la bien servir. A l'appui de cette méthode, ils disent que quand un homme est prodigue on le met sous la dépendance d'un conseil judiciaire et que cette mesure *conservatrice* lui *conserve* ce qu'il possède. Ce prétexte spécieux et subtil échappe à beaucoup de personnes, car nous entendons dire de tous les côtés, que mettre le loup dans la bergerie ce n'est pas *conserver* le troupeau. La raison des simples s'offusque de toutes ces réticences, et jamais le paysan, qui est madré, ne se contentera d'aussi piètres arguments. Pour bien faire lever la semence, il faut d'abord bien labourer le champ, et jamais, quand on sèmera du mauvais grain, on aura bonne récolte. Maintenant qu'il s'est accommodé de la République, il ne veut pas la faire servir par ses pires ennemis. Aussi nous croyons que, malgré les déclarations solennelles du Manifeste qu'il a lu, puisque la poste le lui a remis aux frais des contribuables, il se tournera vers ceux que la basse presse insulte et qu'il les renverra au Maréchal comme on les renvoya à Charles X.

Alors, « comme le plus fort n'est jamais assez fort pour être toujours le maître, s'il ne transforme sa force en droit, et l'obéissance en devoir (1), » il est sûr que chacun s'inclinera devant son verdict, et qu'on n'aura pas besoin de courir à de nouvelles aventures pour assurer la tranquillité du pays qui était bien tranquille et qu'on n'aurait jamais dû agiter.

D'un autre côté il sait parfaitement « qu'il y a une grande différence entre soumettre une multitude et régir une société (2). » Aussi n'a-t-il aucune crainte quant aux

----

(1) Rousseau, *(Contrat social)*.

(2) Rousseau, *(Contrat social)*.

conséquences du vote. Il sait bien que, quand on l'interroge, c'est pour se conformer à ses volontés ; car, si on avait l'intention de faire autrement, il sait bien qu'on ne l'interrogerait pas.

Bonaparte n'aurait jamais demandé à la nation de légitimer son 2 décembre avant de le perpétrer, car il savait bien ce que la nation aurait répondu. On agit, mais on ne discute pas. Il faut avoir la naïveté d'un Bourbon pour édicter des ordonnances avant de museler le lion.

Et puis, la célèbre formule de Rousseau est connue de tout le monde : « On a trouvé la forme d'association qui défend et protége de toute la force commune la personne et les biens de chaque associé, et par laquelle chacun s'unissant à tous, n'obéit pourtant qu'à lui-même et reste aussi libre qu'auparavant. » Cette forme, c'est la République. Et maintenant pour l'arracher à ce Peuple de France qui a lutté quatre-vingts ans pour l'avoir, il faudrait plus que le génie de Napoléon, il faudrait la puissance d'un Dieu. Or, comme nul n'est irresponsable, nous pouvons en déduire qu'elle se relèvera plus forte et plus rayonnante de la crise qu'elle vient de supporter. N'est-elle pas, d'ailleurs, le patrimoine de tous? N'est-ce pas elle qui fit entendre au monde, en 92, le clairon de la liberté? Et ceux qui l'insultent ne se souviennent-ils donc plus que ses armées victorieuses

sont allées dans toutes les capitales planter les trois glo-
rieuses couleurs? Est-ce qu'en 1848, quand elle se mon-
tra pour la seconde fois, les peuples opprimés ne tendi-
rent-ils pas leurs mains suppliantes vers elle? Et au 4
septembre, n'a-t-elle pas ramassé l'épée de la France
brisée pour sauver l'honneur national? N'a-t-elle pas li-
béré le territoire? payé la rançon, vaincu une insurrec-
tion fratricide et donné au monde le spectacle sublime
de son relèvement par la liberté et le travail?

Nous savons tous, Messieurs les Ministres, que 7 ans
durant cette forme de gouvernement a garanti l'ordre
que les factions voulaient troubler, assuré le crédit que
des mauvais Français voulaient amoindrir en lui susci-
tant des embarras, affirmé la paix, ce bien suprême, qui
sans doute nous aurait été ravie déjà, si les gouverne-
ments étrangers n'avaient foi aux sentiments pacifiques
des libéraux de France, qui veulent leur pays libre dans
l'Europe tranquille. Non, la République ne menace personne; nous n'en voulons pour preuve que le sentiment
unanime du monde entier qui vous juge et nous juge.
Non! vous ne pourrez pas faire que tout le bien qui
s'est fait par elle soit escamoté par vous; vous ne pourrez
pas faire que les vieux serviteurs patriotes des monarchies déchues ne soient pas avec nous; vous ne pourrez
pas faire l'aveuglement par l'intimidation, la peur par la

menace; vous ne pourrez pas faire la monarchie, Messieurs, en jurant de défendre la République.

On ne trompe pas ainsi un grand Peuple, surtout quand il a été trompé tant de fois; car il sait maintenant ce que peut coûter de larmes et de sang de se livrer à un homme. Vous avez le droit de protester, il a le droit de ne pas vous croire. M. de Fourtou peut dire qu'il est 89 et que nous sommes 93; nous pouvons dire qu'il rappelle le 2 décembre et le pouvoir personnel. Il peut ajouter qu'il est fils de la Révolution; sans crainte nous pouvons dire qu'il est la contre-révolution. Ah! Messieurs, il n'est plus, ce temps où le spectre rouge, ce Guignol empaillé, faisait frissonner les bons bourgeois; les bourgeois sont républicains, et quand Guignol est sur la scène, ceux qui en avaient peur en rient.

On crie au radicalisme, seulement il n'y a pas de radicaux.

M. Thiers, dans son manifeste, vous dit que lorsque vous appelez la Chambre radicale, vous ne le pensez pas. Nous pouvons donc en conclure que, puisque vous ne le pensez pas, vous ne parviendrez jamais à nous le faire croire.

Il dit aussi : « Des torts, elle n'en a point. » Mais c'est donc vous qui les avez alors. Pourquoi donc la renvoyer? Pourquoi nous tenir cinq longs mois dans les transes? Vous ignorez donc que les malheurs sont une bonne école à laquelle on s'instruit, et que nous gardons bonne souvenance de ceux qui ont contribué à notre éducation? Vous avez beau opposer M. Gambetta au Maréchal, vous n'opposerez jamais la France à la France, et vous ne ferez pas que ceux qui la servent avec tant d'éclat soient traités d'énergumènes, alors surtout que vous savez pertinemment qu'ils sont conservateurs autant et plus que vous, puisqu'ils veulent éviter une révolution et que. . . . .

Ecoutez plutôt M. Thiers parler de la République, et méditez ces graves paroles d'un homme, qui a pu avoir des moments de faiblesse, mais qui a toujours aimé sa patrie et l'a toujours bien servie. « La République, dit-il, c'est un équitable partage entre tous les enfants de la France, du gouvernement de leur pays, en proportion de leurs forces, de leur importance, de leurs mérites, partage possible, praticable sans exclusion d'aucun d'eux, excepté de ceux qui annoncent qu'ils ne veulent la gouverner que par la révolution? »

Vous avez beau protester, ce testament politique sera fidèlement suivi; car nous, les électeurs, nous en sommes les exécuteurs testamentaires; et nous pouvons vous prédire que le 14 octobre sera pour vous le glas dernier, la minute suprême, l'éternel adieu au pouvoir. Vous avez beau vous y cramponner, le suffrage universel est un tribunal sans appel, et qui que vous soyez, princes, ducs, ministres, fonctionnaires, vous n'aurez qu'à vous courber devant sa majesté souveraine, si vous ne voulez pas que l'on dise : « Ils pouvaient faire la France grande et ils l'ont perdue. »

Victor BELLON.

Saint-Tropez, le 8 octobre 1877.